玩 遊戲 學 理財

錢幣 益智 遊戲

認識錢幣 × 簡單計算 × 靈活思考

成為小小理財達人！

A Kid's
Activity Book
on Money and Finance

艾倫・庫尼吉斯 Allan Kunigis 著 約翰・柯茲 John Kurtz 繪

洪進益 (小益老師) 教育部師鐸獎得主 審訂 陳怡婷 譯

目錄Contents

第6章 花費金錢 46

第7章 分享金錢 54

第1章

什麼是「金錢」?

　　這是一本和金錢相關且十分有趣的遊戲書,你將在這本書學習如何算錢、用錢、存錢、花錢、賺錢還有分享錢,讓你學習金錢的相關知識,並從中獲得樂趣。

　　你有零用錢嗎?你會拿錢來做些什麼?你可能會拿來買糖果或點心、玩具,或是存起來買腳踏車或滑板車。

　　錢幣可以用來買東西，我們會使用硬幣，例如：1元、5元、10元和50元；我們也會用紙幣，像是：100元、200元、500元、1000元或2000元紙幣。

　　以前人們沒有「錢幣」可以使用，他們會打獵或飼養牲畜當作食物，如果需要其他東西，就會以物易物。你可以烤麵包，用麵包交換莓果或蘋果，或者你也可以用乳牛換木材。

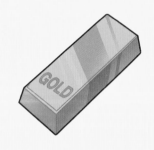

後來，為了讓交易順利進行，人們開始使用金屬，他們使用了青銅、銅、銀和金。後來發明了紙幣，讓交易變得更方便！現在就算我們不用硬幣和紙幣，也可以買東西，我們可以使用支票、信用卡、簽帳金融卡或數位錢包。

現在看看這些硬幣和紙幣，你能認出這些錢幣的名字和面額嗎？後面還有圈字遊戲，你能完成嗎？

這些硬幣價值多少？

這是幾元硬幣？

_____

這是幾元硬幣？

_____

這是幾元硬幣？

_____

這是幾元硬幣？

_____

解答請參閱第76頁。

數一數，兩邊的硬幣價值多少？

細心觀察看看，雖然左右兩邊的硬幣不同，但金額卻是一樣的喔！

這是 ＿＿＿＿ 元硬幣　　這裡總共 ＿＿＿＿ 元

這是 ＿＿＿＿ 元硬幣　　這裡總共 ＿＿＿＿ 元

這是 ＿＿＿＿ 元硬幣　　這裡總共 ＿＿＿＿ 元

解答請參閱第76頁。

錢幣連連看

將左邊的硬幣和紙幣名稱，和右邊的價值配對，將相符的兩者畫線相連。

 · · **100元**

 · · **10元**

 · · **5元**

 · · **1000元**

 · · **1元**

解答請參閱第76頁。

金錢圈字謎

請在右邊圈出
提示單字。

提示：

橫向

1 硬幣的最高面額。

2 我們用來買東西的金屬物品。

3 爸媽或長輩給你用來買東西。

直向

4 又稱塑膠貨幣。

5 這本書的主題。

6 古代人的交易方式。

五	十	元	交	以
換	信	金	包	物
零	用	錢	值	易
價	卡	禮	享	物
百	相	硬	幣	賺

解答請參閱第76頁。

第2章

計算錢幣

你知道錢幣要如何數數嗎？

如果拿到1元，我們會一個一個數。

圓壹1 ＋ 圓壹1

5元相當於五個1元。

 ＋ 👍 ＝ 圓壹1 圓壹1 圓壹1 圓壹1 圓壹1 ＝ 圓伍5

兩個5元相當於一個10元。

你知道哪些硬幣可以組成25元嗎？

如果你用五的倍數算，這題的答案就很簡單。

如同五個1元相當於一個5元，

兩個5元相當於一個10元。

如果你可以想到五的倍數，那你的算術功力很不得了！

所以要拿幾個1元才能湊到25元呢？

你說25個嗎？太棒了，你答對了！

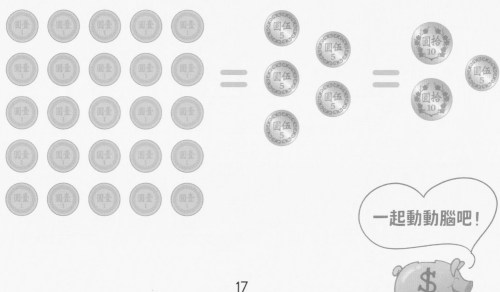

一起動動腦吧！

你能回答這些計算問題嗎？

買小黃瓜

買一條小黃瓜需要多少個硬幣？

在右邊的硬幣中圈出正確的數量。

提示：一條小黃瓜售價20元，兩

種硬幣都要使用。

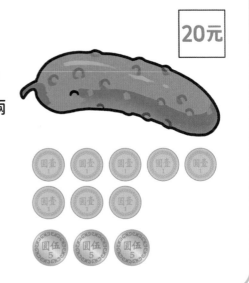

答案：＿＿＿＿＿＿＿＿＿＿＿

餵小兔子

買紅蘿蔔來餵小兔子。

如果一根紅蘿蔔售價25元，

你有兩個50元，你可以買幾根

紅蘿蔔餵小兔子？

答案：＿＿＿＿＿＿＿＿＿＿＿

解答請參閱第76頁。

硬幣和紙幣

紙幣的價值比亮晶晶的硬幣高喔！你知道幾個10元等於100元紙幣嗎？提示：想像把一塊披薩切成十片！

你剛才說10個嗎？

答對了，我們再來幾題吧！

幾個50元才會等於100元紙幣呢？

你的答案是兩個嗎？

你又答對了！

採買文具用品

你會拿那些硬幣來買這些文具用品？

橡皮擦
一個橡皮擦售價10元。

❶ 你要有幾個1元才能買呢？ _____

❷ 也可以用幾個5元買呢？ _____

❸ 也可以幾個10元買呢？ _____

❹ 如果你用一個50元付錢，你會拿回多少零錢？

_____

解答請參閱第77頁。

筆記本

一本筆記本售價49元，每種硬幣要各有幾個才能買呢？

要組合哪些硬幣才會湊到剛好的金額？

❶ 1元：＿＿＿＿＿＿＿＿＿＿＿＿＿＿＿＿＿

❷ 5元：＿＿＿＿＿＿＿＿＿＿＿＿＿＿＿＿＿

❸ 10元：＿＿＿＿＿＿＿＿＿＿＿＿＿＿＿＿

❹ 如果你用100元紙幣付錢，你會拿回多少零錢？

＿＿＿＿＿＿＿＿＿＿＿＿＿＿＿

解答請參閱第77頁。

24色蠟筆

一盒蠟筆售價137元，每種硬幣要各有幾個才能買呢？

❶ 1元：＿＿＿＿＿＿＿＿＿＿＿＿＿＿＿＿＿

❷ 5元：＿＿＿＿＿＿＿＿＿＿＿＿＿＿＿＿＿

❸ 10元：＿＿＿＿＿＿＿＿＿＿＿＿＿＿＿＿

❹ 50元：＿＿＿＿＿＿＿＿＿＿＿＿＿＿＿＿

❺ 如果你用500元紙幣付錢，你會拿回多少零錢？

＿＿＿＿＿＿＿＿＿＿＿＿＿＿＿＿＿＿＿

解答請參閱第77頁。

硬幣迷宮

你可以成功走出來嗎？從正中央的「起點」出發，然後以10元為最後一個硬幣抵達「終點」。請依照10元硬幣的直線路線行進，不能走到1元或5元。

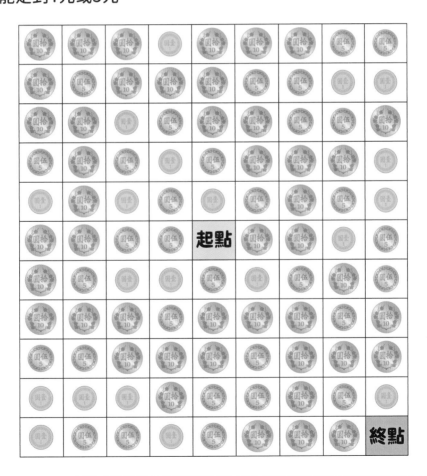

解答請參閱第77頁。

賺取金錢

做家事

烘焙義賣

想想看，你要怎麼賺錢？

你可以從哪裡賺錢？小孩子會收到錢當禮物或是拿到零用錢，你也可以藉由做某件事、製作或販售某些物品來賺錢。

你有賺過錢嗎？你有想過怎麼樣能夠賺錢嗎？我們來列一些你可以做的事情。

生日禮物

節日禮物

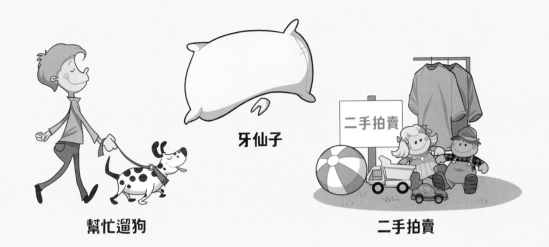

幫忙遛狗

牙仙子

二手拍賣

賺錢的方法

1. _____

2. _____

3. _____

4. _____

5. _____

6. _____

7. _____

8. _____

還有哪些賺錢的好方法呢？

LEMONADE

檸檬水攤位

連連看

你曾經自己創業過嗎？

你有檸檬、水、糖和冰塊，能做出什麼東西呢？你可以和朋友在大熱天的時候賣檸檬水。記得，你得要準備桌子、招牌、水壺和玻璃杯。按照數字把點連起來，看看會出現什麼。

檸檬水

1● ●17

16●

2● ●3

●14 ●15

4●

5●

6● ●7

13●

●12

●11

10●

8●

9●

解答請參閱第78頁。

賺錢圈字謎

提示：

橫向

① 拿到的錢除了花掉，還可以做什麼？

② 過年時會拿到的錢。

③ 將舊玩具和書籍整理乾淨後
轉賣給別人賺錢。

直向

④ 你幫爸媽買東西的行為叫做什麼？
有時也許會拿到零用錢喔！

⑤ 工作賺來的錢。

⑥ 把這個東西放在枕頭底下，
就能從牙仙子那裡拿到小獎勵。

28

牙	花	壓	歲	錢
齒	洋	用	回	分
享	二	手	拍	賣
薪	款	零	先	跑
水	存	下	來	腿

解答請參閱第78頁。

舉辦烘焙義賣

你有辦過烘焙義賣嗎？你只要烤出美味的點心，就可以賺錢！
小路、阿亞和莉莉舉辦了一場烘焙義賣，請問他們賺了多少錢？

❶ 小路烤了20片巧克力餅乾，每片餅乾售價25元，最後20片餅乾都賣光了。請問小路賺了多少錢？

$ _____

❷ 阿亞烤了10個瑪芬，每個售價40元，她賣出10個瑪芬。請問阿亞賺了多少錢？

$ _____

❸ 莉莉烤了15塊巧克力布朗尼，每個售價50元，銷售一空。請問莉莉賺了多少錢？

$ _____

❹ 現在把他們賺到的錢全部加起來：

$ _____ + $ _____ + $ _____ = $ _____

31

解答請參閱第78頁。

第4章

使用金錢

金髮女孩和三個罐子

很久很久以前,有一個金髮女孩在森林裡散步。突然間,她看見一棟小屋,她敲了敲門,卻沒有人應門,因為門是打開的,所以她便走進屋子。

她在櫥架上看到三個罐子,好奇裡面裝著什麼,她靠近一看,上面分別有三個標籤:儲蓄、花費和分享。

就在這時候，她聽到一個聲響！轉身後看見了三隻熊，他們都被彼此嚇到了。

不過，金髮女孩沒有逃跑，反而問三隻熊這三個罐子的用途，牠們開心的向她解釋。

熊媽媽說：「花費罐裡的錢是用來買我們需要的東西，像是牛奶、蜂蜜和粥等等。」

熊爸爸說：「儲蓄罐裡的錢是用來買價值更高的東西，那些東西需要好好存錢才買得起。比如說，舊的床變得不平整的時候就要換一張新的床，或是舊椅子壞了以後得買張新椅子。」他俏皮的向金髮女孩眨眨眼。

寶寶熊接著興奮的說：「分享罐裡的錢是要和其他人分享的，我們喜歡分享！妳要留下來和我們一起吃晚餐嗎？媽媽、爸爸，可以嗎？」

牠們點頭答應，金髮女孩想了一下，然後說：「好啊，我很樂意！」

女孩留下來，並和三隻熊成為好朋友。她很感謝牠們教會她這三個罐子的用途，而且她還交了三個新朋友。

如果你有錢的話，你會拿來做什麼？

金錢填字遊戲

你賺到錢或收到別人給你的錢以後，可以拿這筆錢做什麼呢？

這裡有三個常見的選擇。你可以：

1. 把錢花光。

2. 和其他人分享。

3. 為了某個特別的東西存起來，然後看著存款越來越多！

接著，我們來看看錢可以用來做什麼有趣的事。

你可以找出這些字母的意思來完成謎題嗎？

1. 如果某個東西不用花錢，代表它是 ＿＿ ＿＿（free）的。

2. 可以讓你存錢的地方

   叫做 ＿＿ ＿＿（bank）。

解答請參閱第78頁。

❸ 這些亮晶晶的金屬歷史久遠，它們是用白銀和 ___ ___

（gold）製作而成的。

❹ 這個鐵鎚和鐵釘只要半價，

因為它們現在 ___ ___（sale）。

❺ 你不想花錢的時候，可以 ___ ___（save）。

❻ 如果你拿到零用錢，就可以把它存起來、花掉或是和別人

___ ___（share）。

解答請參閱第78頁。

金錢找字謎

你能夠在這個找字謎裡面找出和金錢相關的字詞嗎？這些字詞可以是
橫的、直的或斜的。

r	o	d	b	s	h	s
e	l	p	a	y	r	t
j	g	e	n	t	a	o
s	s	d	k	o	t	r
c	a	n	d	y	u	e
u	c	l	c	o	i	n
m	o	n	e	y	n	l

coin（零錢）　　bank（銀行）　　pay（支付）　　money（金錢）

sale（販賣）　　candy（糖果）　　toy（玩具）　　store（商店）

解答請參閱第79頁。

第5章

儲蓄金錢

把錢存起來：簡單又有趣！

我想要存一些錢，

所以我把錢放在抽屜裡。

可是當我打開抽屜的時候，

錢全都不見了！

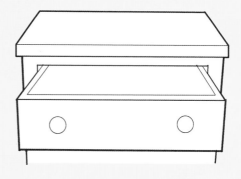

我在罐子裡放了一些硬幣，

但是錢不會因此而變多。

我把幾個十元投進小豬撲滿裡，

但這樣我就沒有人可以感謝了！

於是我走到轉角的銀行，

和行員講話。

我存了一些錢，她非常驚訝！

她的動作有點好笑，

還一直盯著我看。

她幫我開了一個帳戶，

這樣我就能存更多錢。

那些錢可能是我爸媽給的，

或是來自聖誕老公公、牙仙子或爺爺奶奶！

我喜歡去銀行，

這樣我的錢就會越來越多。

我不打算花錢，

只是想要讓你知道，

你也可以，辦得到。

這真的很好玩，

銀行可以幫你保管錢，

而且每個人都能使用這項服務！

為旁邊的插圖上色吧。

找出隱藏訊息

你可以破解密碼找出訊息嗎?

在謎題中的空格內,填入下方字母在字母表中的前一個字母。如果你看到「B」,則應該在它下方的空格填入「A」。我們會告訴你第一個字母,讓你可以開始解謎。

TBWF   TPNF   NPOFZ
S _ _ _   _ _ _ _   _ _ _ _ _

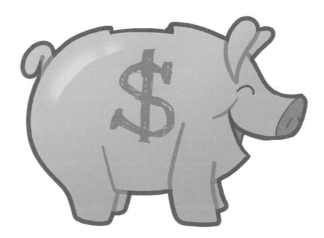

密碼對照表

A	B	C	D	E	F	G	H	I	J	K	L	M	N	O	P	Q	R	S	T	U	V	W	X	Y	Z
Z	A	B	C	D	E	F	G	H	I	J	K	L	M	N	O	P	Q	R	S	T	U	V	W	X	Y

解答請參閱第79頁。

破解密碼

解讀字母

解讀每個字詞下方的字母，在空格中填入正確字詞。

N T D O   D E P N S   L A L   R O Y U   Y O N E M

＿＿＿＿ ＿＿＿＿＿ ＿＿＿ ＿＿＿＿ ＿＿＿＿＿

為了某個特別的東西存錢

按照數字連連看，會出現什麼？

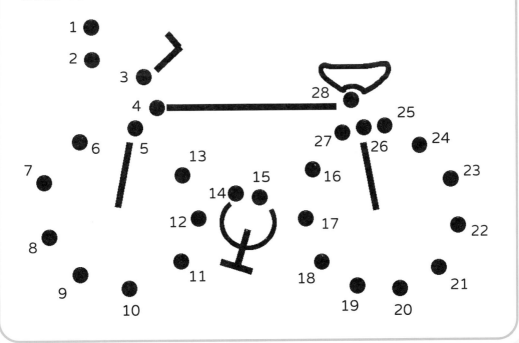

解答請參閱第79頁。

你會爲了什麼東西存錢呢？

你能夠想到什麼特別的東西，讓你願意存錢去買呢？

在下面畫出那個特別的東西：

現在回答這三個問題：

1. 這個東西要花多少錢？

_____

2. 你每個月可以存多少錢？

_____

3. 要存幾個月才能夠買下這個東西？

_____

　　假設你想買城堡積木組，它要價500元。如果你每個月存50元，要存多久才能買它？

　　寫下你的目標，現在就開始存錢吧！而且持續追蹤你的存錢狀況。

43

解答請參閱第79頁。

用神祕代碼找出遺失字母

這個遊戲使用神祕代碼，字母表中的每個字母都有一個代表數字，挑戰用正確的字母替換數字。

你可以用這個表來破解密碼：

A	B	C	D	E	F	G	H	I	J
1	2	3	4	5	6	7	8	9	10

K	L	M	N	O	P	Q	R	S	T
11	12	13	14	15	16	17	18	19	20

U	V	W	X	Y	Z
21	22	23	24	25	26

現在，找出這些句子中遺失的字母：

❶ 銀行會S＿＿＿＿（安全）保管你的錢。

代碼：19-1-6-5

❷ 你的錢放在銀行裡可以賺取＿＿T＿＿＿＿S＿（利息）。

代碼：9-14-20-5-18-5-19-20

❸ 把錢放在銀行帳號裡面叫做D＿＿P＿＿＿＿＿（存錢）。

代碼：4-5-16-15-19-9-20。

45

解答請參閱第80頁。

花費金錢

學會善用金錢

花錢會令人開心，因爲可以買很多東西。但是要聰明選擇，
這樣你的錢才夠用！

如果你有50元或100元，可以買什麼？

這裡提供一些點子：

糖果、小玩具（例如塑膠小恐龍）、史萊姆、黏土、二手玩具
或二手書。還有什麼呢？寫下你的點子：

1. _____

2. _____

3. _____

如果你有200元的話,可以買什麼?或許可以買好一點的玩具、一本書、衣服、零食,還有什麼呢?

1. _____
2. _____
3. _____
4. _____

如果你有500元的話,可以買什麼?可能是特別的玩具,像是滑板車、可愛的娃娃、幾樣點心或是一頓大餐。還有什麼呢?你有非常多的選擇。

1. _____
2. _____
3. _____
4. _____

如果你有1000元的話，你會選擇買什麼呢？

答案沒有對或錯，這裡提供幾個選擇：

1. 買幾個100元或200元的玩具或點心。
2. 買一個價值1000元的東西。
3. 把錢存起來，等存到2000元之後，再買更大、更棒和更酷炫的東西。

你想要買什麼東西呢？把它畫下來吧！

花錢圈字謎

提示：

橫向

① 我可以從圖書館借 ㄕ ㄐ 或是去書店購買。

② 等我長大一點，我想要買 ㄓ ㄏ ㄒ 手機。

③ 我想要買一台 ㄏ ㄅ ㄔ 來騎。

④ 你最喜歡的 ㄊ ㄉ 是什麼？我最喜歡冰淇淋！

直向

⑤ 有時候你得在兩個事物之間做出 ㄒ ㄗ。

⑥ 我假日經常和爸媽一起去 ㄅ ㄇ ㄔ 採買。

⑦ 我喜歡玩新 ㄨ ㄐ。

⑧ 我喜歡和朋友去 ㄍ ㄐ。

克	行	選	商	玩	動
書	籍	擇	購	具	逛
話	買	滑	板	車	街
智	慧	型	大	費	市
店	借	電	賣	花	超
巧	牌	乾	場	甜	點

51

解答請參閱第80頁。

優惠券連連看

你或你的家人曾經為了購物時省下一些錢，剪下優惠券使用嗎？
我們來看看，你能不能把左邊的優惠券和右邊的產品連起來。

麥當當餐廳買一送一優惠券 •

購買兩盒大盒
Wakey Flakey麥片另有優惠 •

兩公升Happy Treats冰淇淋半價 •

週六前往Flicks-Plex影城
觀賞電影再優惠五十元 •

Yummy Tummy果汁六瓶打八折 •

優惠券是以促銷爲目的而發行，無論是何種形式的票券，不外乎是讓我們在購物時，可以拿著優惠券獲得某些特殊的優待。例如：

現金券 我們可以持現金券抵用部分購物金額。

折扣券 我們使用折扣券，可以在購物時享受折扣。

特價券 我們持券購物，可用特價金額購得商品。

但是當我們正歡喜於優惠券帶給我們表面上的便宜價格時，必須再更進一步思考：這樣的商品是我眞正需要的嗎？爲了享用折扣而購物，是否反而比預期花了更多的金錢來購買過多數量的商品呢？

解答請參閱第80頁。

第7章

分享金錢

因為在乎，所以分享

有錢就能買有趣的東西，像是糖果或玩具。

你也可以買一些東西，送給其他女孩和男孩！

和其他人分享會有很多樂趣，

你知道要怎麼樣才能做到這點嗎？

你可以親自把錢，捐給鄰居或朋友。

或是透過郵寄或網路寄送，只要按下「傳送」就好！

「貪心」的相反詞是什麼？

是幫助那些有需要的人。

而且做好事的感覺很棒！

要怎麼用錢幫助其他人呢？讓我們繼續看下去……

莎莉要吃的食物不夠，

或許她可以用一些錢，

來買蔬菜或肉！

她可能還會因此獲得特別的優惠！

吉娜需要安全的飲用水，

她家水龍頭流出的水看起來像墨水。

天啊！那喝起來的味道很怪，而且真的很臭！

如果她的家人有一點錢的話，

可能會做出一些厲害的事，

像是挖一口井或是在學校買瓶裝水。

馬力歐沒有書可以讀，

你要怎麼幫助他解決這項需求呢？

讓我們仔細想一想：

捐錢給他的爸媽，讓他們可以買書！

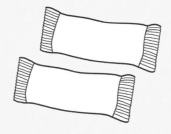

有很多東西可以分享,只要你有注意到,

就會發現處處都有需求!

當然,你能做的只有這麼多,

但是積少成多,你我都能幫上忙!

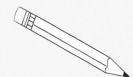

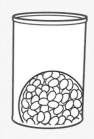

你能如何幫助他人?

給予金錢是一種分享方法。

還有其他方法嗎?

1. _____

2. _____

3. _____

4. _____

5. _____

在這頁的圖案上著色。

56

思考看看你可以怎麼幫助別人

當你想到分享的時候，你會想到什麼？分享不只是給予東西，你也可以做些別的事情。「志工」代表可以做些事情幫助他人。怎麼做？

你可以烤餅乾拿去賣，把賺到的錢捐給慈善機構。你曾經到動物收容所幫忙照顧動物嗎？你知道狗狗是怎麼說「謝謝」的嗎？他們會搖尾巴！意思是：「謝謝你，這個很好吃！」

付出的方式有很多種：分享錢財、烤蛋糕、把衣服和玩具送給其他女孩和男孩。

分享也是一種關心的方式，所以，如果你很在乎的話，為什麼不分享呢？把你想要分享的方式畫下來。

分享錢圈字謎

提示：

横向

● 我會捐款（donate）給慈善機構，因為這讓我感覺開心。

● 為什麼梅根願意和大家分享（share）？因為她很大方。

●「拿取」的相反詞是「給予（give）」。

直向

● 和大家一起吃披薩的時候，會把披薩平均（average）切成扇形。

● 金錢（money）可以分享、花掉或存起來。

● 當你把東西給慈善機構（charity）時，就叫做捐贈。

c	o	s	h	a	r	e
h	x	q	k	v	j	m
a	p	s	u	e	a	o
r	t	e	y	r	q	n
i	d	o	n	a	t	e
t	w	z	f	g	l	y
y	g	i	v	e	b	k

解答請參閱第80頁。

借錢

借錢填字遊戲

1. 當你欠別人錢時，你就有＿＿＿＿。

   （①債務　②債券）

2. 莎莉的錢不夠，沒有辦法買車，只好跟銀行＿＿＿。

   （①高利貸　②貸款）

3. 莎莉因為貸款，所以每個月必須支付銀行貸款＿＿＿。

   （①利息　②利潤）

4. 如果你借了太多錢，可能沒辦法＿＿＿。

   （①無償　②償還）

5. 支付貸款的利息時，你花費在其他事物上的錢會＿＿＿。

   （①縮減　②縮圖）

6. 當你和銀行＿＿時，就會欠銀行利息。

   （①借書　②借錢）

7. 銀行能提供給你的貸款上限，就是你的信用＿＿＿。

   （①額度　②密度）

解答請參閱第81頁。

應不應該借錢呢？

借錢不一定是好事，你要確定可以償還債務才去借錢。請判斷以下情況，並回答 Yes「Y」（是）或 No「N」（否）。

仔細想想這些情況

① 看到什麼就買什麼。

---

② 如果你有存錢的話，就可以用那筆錢來買東西，這樣就不用去借錢。

---

③ 要小心不要借太多錢。

---

④ 先把積欠的債務還清，才借下一筆錢。

---

⑤ 賺取利息會增加你的錢；支付利息會減少你的錢。

解答請參閱第81頁。

聰明用錢

金錢冒險遊戲

　　準備一個骰子，並依照骰出的點數向前移動，按照指示進行遊戲，看看誰會先到終點呢？

規則：

 4 你幫鄰居遛狗賺到100元，往前移動2格。

 7 你把所有零用錢都拿去買糖果了，往後移動4格。

 9 你把所有禮金都存起來了！往前移動4格。

 11 你一直關注所有金錢流向，太棒了！往前移動2格。

 12 糟糕！你把所有錢都弄丟了，移動到第5格。

 15 你捐錢給慈善機構，非常好！往前移動3格。

 19 你賣檸檬水賺了500元，生意很不錯！往前移動5格。

23 你和朋友分享賣檸檬水的一半收入，真慷慨！往前移動4格。

 26 你偷了別人的錢，這樣很糟糕！移動到第17格。

 28 你額外做了家事來賺錢，做得好！往前移動4格。

30 你幫爸媽跑腿買東西，還做出最划算的選擇，你幫了大忙！往前移動3格。

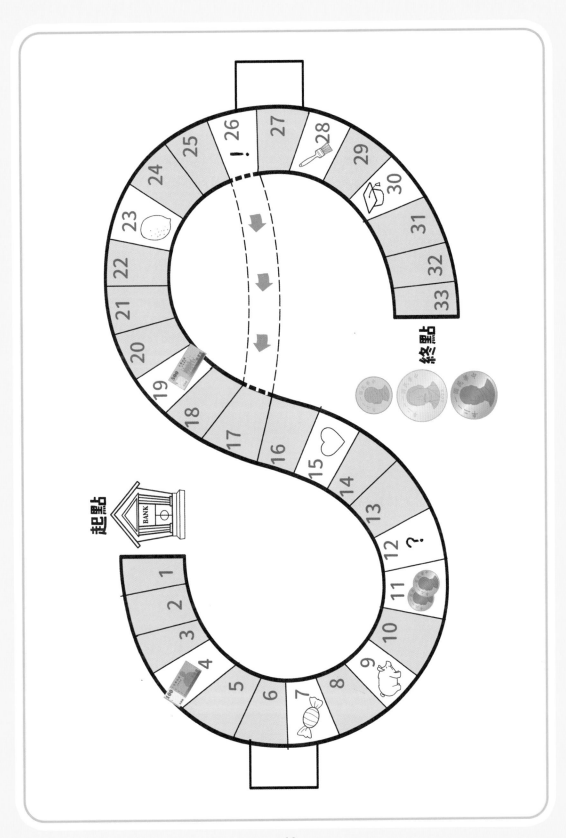

是「需要」還是「想要」？

你知道「需要」和「想要」的差別嗎？

如果你把所有錢，
都花在「想要」的東西上，
那你就會沒有錢，
可以買你「需要」的東西。

如果你還有錢可以買你需要的東西，
你才可以買你想要的東西。
這個道理非常簡單。
好了，換我們上場了！

因為太貪心，
所以可能不會成功。
有時候就是，
無法預料。

我們不完全相同，
所以不能責備任何人！
如果你的答案不同，
也不用感到丟臉。
你準備好要玩
「需要」還是「想要」遊戲了嗎？

你覺得「需要」的意思是什麼呢？

你目前有哪些「需要」的東西呢？請畫下來吧！

你覺得「想要」的意思是什麼呢？

你目前有哪些「想要」的東西呢？請畫下來吧！

「需要」及「想要」的遊戲

規則：

你手上有600元，右邊有張你可以購買的物品清單。每個物品旁邊都有價格和兩個空格，在第一個空格寫下「需要」或「想要」；如果決定要買，就在第二個空格打勾，不買就打叉。不過，在你決定要買什麼東西前，先把所有「需要」的成本加總起來。記得，你的預算是600元，你得先買到「需要」的物品以後，才能夠考慮你「想要」的物品！這項活動很適合和大人一起進行。

舉例來說，假設你決定下面這些物品是「需要」的東西：

- 三明治午餐： 50元
- 襪子和內衣褲： 150元
- 文具用品： 100元
- 學校課本： 150元

  總計： 450元 600元–450元=150元

這表示你還有150元可以買「想要」的東西！現在你可以回頭看看150元可以買哪些東西。

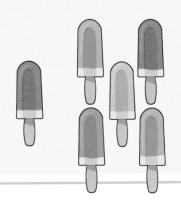

物品	售價	需要或想要？	要不要買
三明治午餐	50元		
襪子和內衣褲	150元		
冰淇淋	80元		
文具用品：筆、鉛筆、直尺、筆記本	100元		
漫畫或雜誌	150元		
酷炫的運動鞋（你已經有一雙不錯的運動鞋）	1500元		
玩具	300元		
學校課本	150元		

你會「比價」嗎？

你的家人會在買東西的時候比價嗎？你也可以跟他們一樣這麼做！我們來看看你會花多少錢買冰淇淋。

如果你去便利商店，一支冰淇淋要50元；但是賣場一盒六支的冰淇淋只要240元。

如果你在賣場買一盒冰淇淋的話，每支冰淇淋要多少錢？
請用240元除以6。

寫下你的答案：240÷6 = _____

你說40元嗎？答對了！哪個比較優惠呢？是一支50元的冰淇淋；還是6支240元（一支40元）的冰淇淋呢？

現在換你選擇：在便利商店付50元買一支冰淇淋，還是在賣場多付190元，就能多拿到五支冰淇淋？
五支冰淇淋耶！太棒了！

你比較想選哪一個？當然，現在天氣很熱，你想立刻就吃到冰淇淋！但是如果你稍微等一下，在賣場多買一點，就可以把它們放在冰箱！這樣一來，你永遠都有冰淇淋可以吃……除非有個冰淇淋怪把它們一口吃光光！咔咔咔！

讓錢增值

阿得和小波的比賽

阿德和小波各擁有100元，他們決定舉辦一場為期一週的比賽。

小波把她的100元存起來，一週內，100元每天都會成長兩倍，短短七天內，她的錢增值非常多。

日期	小波每天擁有的錢	兩倍後變成
8月1日	100元	200元
8月2日	200元	400元
8月3日	400元	800元
8月4日	800元	1600元
8月5日	1600元	3200元
8月6日	3200元	6400元
8月7日	6400元	12800元

阿德每天都花一半的錢，再把剩下的一半存起來。錢會每天成長兩倍，他在七天後會擁有多少錢？我們來找出答案吧！

阿德的狀況如何呢？由於他每天都會花掉一半的錢，再把另一半的錢存起來，而剩下的錢會每天成長兩倍：

第一天：100元 − 花掉的50元 = 存起來的50元 × 2 = 100元

第二天：100元 − 花掉的50元 = 存起來的50元 × 2 = 100元

第三天：100元 − 花掉的50元 = 存起來的50元 × 2 = 100元

第四天：100元 − 花掉的50元 = 存起來的50元 × 2 = 100元

⋮

以此類推，你會發現有個規律的模式。阿德每天一開始擁有的錢都和前一天結束時擁有的錢相同，所以他的錢永遠不會增值。一週過後，他還是只有100元，但是小波則有12800元。

在現實生活中，可以透過賺取利息讓錢增值，雖然實際上增值的速度會比這個範例來得慢，但隨著時間過去，一定會不斷增值再增值。而且，如果你每個月存錢增加本金，就會增值更多。

錢能夠增值多少？

如果你每個月存50元，一年後會有多少錢呢？

Ⓐ　500元

Ⓑ　600元

Ⓒ　750元

一月 +50元	二月 +50元	三月 +50元	四月 +50元
五月 +50元	六月 +50元	七月 +50元	八月 +50元
九月 +50元	十月 +50元	十一月 +50元	十二月 +50元

= ？

解答請參閱第81頁。

加上利息後能增值多少？

把錢存在銀行裡的話，銀行會給你利息，這代表你的錢可以幫你賺更多錢！如果你每個月存50元並賺到10元利息，一年後會有多少錢呢？

(A) 610元

(B) 700元

(C) 720元

一月 50+10=

二月 50+10=

三月 50+10=

⋮

73

解答請參閱第81頁。

金錢教我們的事情

金錢可以做的事——

賺取、使用。

花掉、分享。

儲蓄、購買。

想要試試看嗎？

拿起你的錢，對它好一點。

存錢、花錢和分享，時間會告訴你，你做得好不好。

如果是你負擔不起的東西，生活中沒有它也可以。

現在開始存一點錢，終會獲得回報！

金錢是好東西，但是請好好利用。

隨著時間過去，你就會發現：

你可以擁有你需要的東西，

但要小心，不要過於貪心！

希望你會喜歡這本和金錢有關的書，

我很努力讓這本書的內容輕鬆又好玩。

但最重要的是，我想告訴你，

你一定能夠學習善用金錢！

謝謝你的閱讀。

艾倫・庫尼吉斯

解答

第11頁

這些硬幣價值多少？

1元	5元
10元	50元

第12頁

數一數，兩邊的硬幣價值多少？

5元，5元

10元，10元

10元，10元

第13頁

錢幣連連看

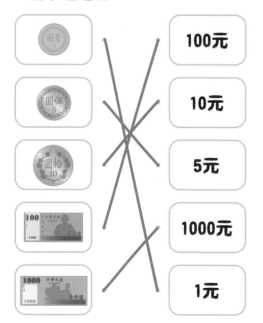

第14-15頁

金錢圈字謎

第18頁

你能回答這些計算問題嗎？

買小黃瓜：

五個1元和三個5元。

餵小兔子：

一根紅蘿蔔25元，

25+25=50

50元則可以買兩根紅蘿蔔。

所以兩個50元

總共可以買四根紅蘿蔔。

採買文具用品－橡皮擦

❶ 十個1元。

❷ 兩個5元

❸ 一個10元

❹ 50－10＝40

用50元付錢,會拿回

40元的零錢。

採買文具用品－筆記本

❶ 1元:四個

❷ 5元:一個

❸ 10元:四個

❹ 100－49＝51

用100元付錢,會拿回

51元的零錢。

採買文具用品－24色蠟筆

❶ 1元:二個

❷ 5元:一個

❸ 10元:三個

❹ 50元:兩個

❺ 500－137＝363

用500元付錢,會拿回

363元的零錢。

硬幣迷宮

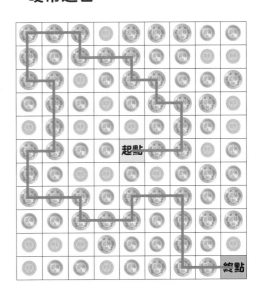

第27頁

連連看

第28-29頁

賺錢圈字謎

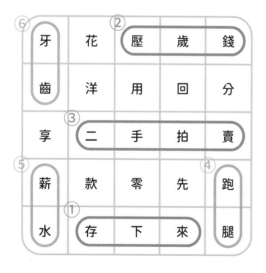

第30-31頁

舉辦烘焙義賣

❶ 25×20＝500

小路賺了500元

❷ 40×10＝400

阿亞賺了400元

❸ 50×15＝750

莉莉賺了750元

❹ 他們總共賺了1650元。

第35-36頁

如果你有錢的話，

你會拿來做什麼？

1.免費

2.銀行

3.黃金

4.特價

5.儲蓄

6.分享

第37頁

金錢找字謎

r	o	d	b	s	h	s
e	l	p	a	y	r	t
j	g	e	n	t	a	o
s	s	d	k	o	t	r
c	a	n	d	y	u	e
u	c	l	c	o	i	n
m	o	n	e	y	n	l

第40頁

找出隱藏訊息

SAVE SOME MONEY
（存一些錢）。

第41頁

破解密碼

DON'T SPEND ALL YOUR
MONEY（不要花光所有錢）。

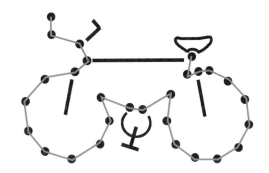

第43頁

你會為了什麼東西存錢呢？

在這個範例中，如果每個月存
50元，總共要花十個月才能存
到500元。

第44頁

用神祕代碼找出遺失字母

❶ 銀行會 SAFE（安全）保管
你的錢。

❷ 你的錢放在銀行裡可以賺取
INTEREST（利息）。

❸ 把錢放在銀行帳號裡面叫做
DEPOSIT（存錢）。

第52-53頁

優惠券連連看

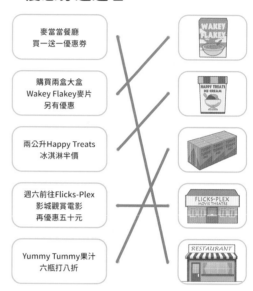

麥當當餐廳 買一送一優惠券	
購買兩盒大盒 Wakey Flakey麥片 另有優惠	
兩公升Happy Treats 冰淇淋半價	
週六前往Flicks-Plex 影城觀賞電影 再優惠五十元	
Yummy Tummy果汁 六瓶打八折	

第50-51頁

花錢圈字謎

克	行	⑤選	商	⑦玩	動
①書	籍	擇	購	具	⑧逛
話	買	③滑	板	車	街
②智	慧	型	⑥大	費	市
店	借	電	賣	花	超
巧	牌	乾	場	④甜	點

第58-59頁

分享錢圈字謎

c	o	s	h	a	r	e
h	x	q	k	v	j	m
a	p	s	u	e	a	o
r	t	e	y	r	q	n
i	d	o	n	a	t	e
t	w	z	f	g	l	y
y	g	i	v	e	b	k

第60頁

借錢填字遊戲

1.①

2.②

3.①

4.②

5.①

6.②

7.①

第72頁

錢能夠增值多少？

Ⓑ 600元。

$50 \times 12 = 600$

每個月存50元，存12個月以後，總共是600元。

第61頁

應不應該借錢呢？

1.N

2.Y

3.Y

4.Y

5.Y

第73頁

加上利息後能增值多少？

Ⓒ 720元。

$(50 + 10) \times 12 = 720$

每個月存50元再加上每個月有10元的利息，存12個月以後，總共是720元。

MEMO

MEMO

MEMO

MEMO

知識館 知識館010

錢幣益智遊戲
A KID'S ACTIVITY BOOK ON MONEY AND FINANCE

作　　　　者	艾倫‧庫尼吉斯	
繪　　　　者	約翰‧柯茲	
譯　　　　者	陳怡婷	
專 業 審 訂	洪進益（小益老師）／教育部師鐸獎得主	
責 任 編 輯	陳鳳如	
封 面 設 計	張天薪	
內 文 排 版	李京蓉	
童 書 行 銷	張惠屏‧侯宜廷‧林佩琪‧張怡潔	

出 版 發 行	采實文化事業股份有限公司
業 務 發 行	張世明‧林踏欣‧林坤蓉‧王貞玉
國 際 版 權	鄒欣穎‧施維真‧王盈潔
印 務 採 購	曾玉霞‧謝素琴
會 計 行 政	許俽瑀‧李韶婉‧張婕莛
法 律 顧 問	第一國際法律事務所　余淑杏律師
電 子 信 箱	acme@acmebook.com.tw
采 實 官 網	www.acmebook.com.tw
采 實 臉 書	www.facebook.com/acmebook01
采實童書粉絲團	https://www.facebook.com/acmestory/

I S B N	978-626-349-309-4
定　　　　價	300元
初 版 一 刷	2023年7月
劃 撥 帳 號	50148859
劃 撥 戶 名	采實文化事業股份有限公司
	104 台北市中山區南京東路二段 95號 9樓
	電話：02-2511-9798　傳真：02-2571-3298

國家圖書館出版品預行編目(CIP)資料

錢幣益智遊戲 / 艾倫.庫尼吉斯作 ; 陳怡婷譯. -- 初版. --
臺北市：采實文化事業股份有限公司, 2023.07
88面 ; 18.2×25.7公分. -- (知識館 ; 10)
譯自：A kid's activity book on money and finance.
ISBN 978-626-349-309-4(平裝)

1.CST: 金錢 2.CST: 理財 3.CST: 通俗作品

563　　　　　　　　　　　　　　112007778